...tes Anthologies du XXᵉ siècle

L.-P. LEFAURE
(Bardy de Randonnat)

CHANTS ET HYMNES
D'HIER et D'AUJOURD'HUI

EUGÈNE FIGUIÈRE, ÉDITEUR
A l'Enseigne des Deux Figuiers
17, rue Campagne-Première, PARIS (XIVᵉ)

1927

CHANTS ET HYMNES
D'HIER ET D'AUJOURD'HUI

L.-P.- LEFAURE

L.-P. LEFAURE

(Bardy de Randonnat)

CHANTS ET HYMNES
D'HIER ET D'AUJOURD'HUI

EUGÈNE FIGUIÈRE, ÉDITEUR

A l'Enseigne des Deux Figuiers

17, rue Campagne-Première, PARIS (XIVe)

Tout droits réservés

1927

INTRODUCTION

O toi qui ne voit pas ce trop certain orage,
Assombrissant déjà des horizons lointains,
Aveugle et sourd, hélas ! te sens-tu le courage
D'absoudre froidement les crimes des Germains !

En ce cas je te dis, n'entr'ouvre pas ce livre,
Il ne saurait te plaire, flétrissant ton erreur,
Loin d'être le béat que le succès enivre,
Celui qui l'écrivit voit poindre le malheur !

Certains sont oublieux des ignobles tueries,
Du barbare sanglant qui foula notre sol,
Mais les mères qui sont encor toutes meurtries,
Ne pardonneront pas l'assassinat, le vol !

Pas de combinaisons, assez d'hypocrisies,
Nous voulons tout d'abord notre sécurité,
Nous sommes écœurés de ces palinodies,
D'égoïstes navrants dans leur médiocrité !

Pacifistes niais, ô vous dont l'éloquence
Nous laissa désarmés devant nos agresseurs,
Vous avez essayé de conduire la France,
A l'abîme en faisant le jeu des oppresseurs !

La Paix, que nous aimons bien plus que vous peut-être?
Serait trop chancelante en vos débiles mains,
Tout chez vous est diffus, se heurte, s'enchevêtre,
Vous promettez le plus et vous tenez le moins !

La Guerre fut toujours la bête meurtrière,
Mais pour la museler, il n'est qu'un seul moyen,
Assurer au Pays son ultime frontière,
Tel au temps de la Gaule, la limite du Rhin !...

LE SACRIFICE UTILE

Par l'âme des martyrs, planant sur la hideur des hécatombes, la conscience mondiale peu à peu s'est affirmée ; elle ne permettra pas que les impérialismes, vampires qui renaissent dans le sang et la douleur des hommes, étalent insolemment leur triomphe imprévu, et bafouent sans vergogne le progrès.

Térence Mac Swiney, par son ultime et grandiose sacrifice, montre à l'univers que la République irlandaise n'est pas un mythe et qu'un jour viendra où il faudra compter avec elle.

L.-P. Lefaure,
Homme de Lettres,
Président de l'Association littéraire
Franco-Tchèque de Paris.

(Correspondance aux Journaux tchèques, octobre 1920.*)*

A L'IRLANDE

Le genêt fleuri, la suave lavande,
Frémissent soudain sous le vent du soir,
Dont le souffle frais promet à l'Irlande,
Un peu de bonheur et beaucoup d'espoir !

L'impérialisme vaincu par la guerre,
Fut, on le croyait, enfin terrassé,
Horreur, il renaît, on voit l'Angleterre,
L'adopter, malgré son hideux passé !

Paix et liberté, pour tous justice,
Vive l'opprimé, mort à l'oppresseur,
Pas d'hypocrisie ! de pitié factice,
Un peuple n'est grand, que s'il a du cœur !

Tôt ou tard un jour, l'Histoire des races,
Ne s'écrira plus en lettres de sang,
Devant le Progrès, fuiront les rapaces,
La Fraternité, reprendra son rang !

Quand à toi, martyr sacré de l'Irlande,
Ton glorieux linceul, se change en drapeau,
Qui demain flottant sur la verte lande,
Verra ton pays sortir du tombeau !

Le genêt fleuri, la fraîche lavande,
Courbés doucement par le vent du soir,
Envoient leur parfum, au héros d'Irlande,
Mort pour l'Idéal, Soldat du devoir ! ! !

20-12-20.

L.-P. Lefaure.

2

A NOS DÉPUTÉS DE 1917 !

Jugez de notre peuple, le captivant effort,
Nous sommes tous unis, le danger grandit l'âme,
Nos soldats, nos héros, s'endorment dans la mort,
En donnant tout leur sang pour châtier l'infâme !

Oh, je vous en conjure, Messieurs les Députés,
Ne semez pas chez nous des germes de discorde,
Restez Français d'abord, dans nos calamités,
Pour sauver le Pays, pratiquez la concorde !

Vous voyez la Russie, méditez sur son sort,
Ne confondez jamais liberté et licence,
En étant clairvoyant, un esprit reste fort,
Vous tenez en vos mains, les destins de la France !

N'ayez devant les yeux, qu'un seul but, la Victoire !
La Nation s'énerve, elle veut voir finir,
Vos querelles impies, dont parlera l'Histoire,
Pensez-y, il est temps, songez à l'Avenir !

Cet instant est terrible, c'est le moment suprême,
Où les cœurs choisissent entre honte et tombeau,
Donnez le bon exemple, soyez le Devoir même,
Levez-vous d'un seul bond, regardez le Drapeau !

Assez de beaux discours, et plus d'actes probants,
Que de purs sentiments, votre chair soit pétrie,
Arrière les égoïsmes, soyez les artisans,
De la Grandeur de la Patrie ! ! !

L'UNION SACRÉE

Aux ouvriers des Usines de munitions.

Chers ouvriers de France, vous entendrez ma voix,
C'est surtout aujourd'hui, que les fautes sont graves ;
Au-dessus des partis, il vous reste le choix
D'écouter votre cœur, qui bat libre d'entraves.

Que l'Union de tous, ne soit pas sur vos lèvres
Mais d'abord en vos âmes, stimulant votre sang,
Travaillez ardemment, les minutes sont brèves.
Restez Français loyaux, sans broncher dans le rang.

Vos fils ou vos neveux, tous ceux qui sont là-bas,
Dans le rude combat, l'angoissante fournaise,
Comptent sur vous, hélas ! ils se fient sur vos bras
Plus vous tournez d'obus, plus ils tressaillent d'aise.

Non, vous ne voudrez pas, par votre faute, voir
Tomber, agonisants sur la glèbe meurtrie,
Vos parents, vos amis, ces soldats du Devoir,
Ces nobles défenseurs, soutiens de la Patrie !

Ce n'est pas au moment des succès entrevus,
Que les mauvais conseils, la pire défaillance,
Après nos durs revers sanglants et imprévus,
Feraient de vous des fous, renégats de la France !

O fuyez les niais, méprisez les trembleurs,
Et demeurez toujours pleins de calme fierté ;
Vous, les bons citoyens, intègres serviteurs
De votre Nation..., Terre de Liberté !...

AU POILU ! POURQUOI TE BATS-TU?

Envoyé au front.

Poilu, mon cher ami, je comprends ta tristesse,
Tu penses, sans doute, parfois amèrement,
Si toujours sans cesse, continuellement,
Tu dois donner ton sang et ta belle jeunesse !

Oui, tu frémis de honte en voyant tous ces traîtres,
Défaitistes hideux, riant de nos malheurs,
Oui, les yeux clairs et francs sont humides de pleurs,
Dans ton âme meurtrie, les dégoûts pourraient naître !

Non, fier soldat, vrai fils des grognards en sabots,
Ce n'est pas pour sauver ces lâches que tu luttes,
Mais pour venger nos morts que rien ne te rebutes,
C'est pour que tes parents, ta femme, tes marmots,

N'endurent plus jamais nos angoisses sinistres,
Et c'est pour vivre libre en vengeant ton honneur.
Que tu montres aux Boches, ce que peut ton grand cœur,
Car ta main reste ferme, si tes regards sont tristes !

C'est aussi pour nos frères, tes frères de là-bas,
Ceux de l'Alsace et puis ceux de Lorraine,
Martyrs ayant souffert gardant la foi sereine,
C'est pour les libérer, poilu, que tu te bats !

C'est pour que ton Pays, notre Patrie si belle,
Qui se lève terrible, pour défendre le Droit,
Triomphe des barbares à l'idéal étroit,
Que les siècles futurs voient la France éternelle !...

AU POILU ! POURQUOI VERSES-TU TON SANG?

La Nation planant au-dessus des partis,
Abaissera sur toi son regard magique,
Tu te sentiras fort, superbe, magnifique,
Les opprimés du monde deviendront tes amis !

C'est pourquoi tu te bats, sois juge maintenant,
Tu garderas au cœur un feu dont l'étincelle,
Animera toujours l'humanité nouvelle,
Ou ton nom brillera d'un éclat fulgurant !

Et quand tu reviendras formidable, sublime,
Que feront devant toi, ces mauvais citoyens,
Qui, pour se gorger d'or, emploient tous les moyens,
Et préfèrent bien vivre que mériter l'estime !

Que diront tous ces nains devant toi, le Géant,
Ils seront bien punis, j'en atteste l'Histoire,
Écrasés, éblouis, des rayons de ta gloire,
O toi qui sut rester chevaleresque et grand !

Tu t'es battu sans crainte, sans broncher dans le rang,
En te montrant partout, sans peur et sans reproches,
Un seul geste de toi brisera ces fantoches,
Poilu, c'est pour ta mère que tu verses ton sang !...

LA GAFFE

A mon ami Sylvain B...

Je discutais, mon bon Sylvain,
Avec un homme d'importance !
C'était un politicien,
Mais sans façon, sans arrogance.

Voyons, vous qui faites les lois,
Lui disais-je, il n'est pas trop tard,
Pour punir, corbleu, cette fois,
Tous ces fauteurs de pétard !

Vous flétrirez, j'y compte bien,
Tous ces flibustiers intrigants,
Riches, hier ne possédant rien,
En un mot, tous ces trafiquants,

Et ces défaitistes notoires,
Toujours prêts à tout saboter,
Traitant les bons Français de poires,
Allez-vous les féliciter !

Holà, holà, vous allez fort,
Mais en législateur habile,
On ne doit jamais donner tort,
Sans savoir, et c'est peu facile.

Ménageons le pire malandrin,
Sait-on ce que plus tard réserve ?
Peut-être Cartouche et Mandrin,
Seront puissants demain..., j'observe.

Sachez qu'un vrai parlementaire,
Est toujours amant du pouvoir,
Pour y parvenir, se taire
Est souvent le premier devoir.

Je crois avoir compris, Monsieur le Sénateur,
Vous savez cultiver le chou patriotique,
Mais en vous appliquant, je vois, avec bonheur,
A caresser aussi la chèvre bolchevique.

Ce superbe orateur, ce futur grand homme,
Est parti brusquement, sans me serrer la main,
J'ai fait un joli coup, je l'ai vexé, en somme,
Ouvrons l'œil, si le sire est ministre demain ! ! !

LE DROIT VAINQUEUR !

Aux patriotes tchèques.

O toi Praha jolie, ville des cent églises,
A tes balcons fleuris,
Vois flotter en ce jour, caressés par les brises,
Tes étendards chéris !

C'est l'aurore nouvelle se levant sur le monde,
Les martyrs debout, soudain,
Soufflettent leurs bourreaux et clament à la ronde,
Leur triomphe certain !

Des États-Unis tchèques, la jeune République,
        Naît enfin à nos yeux,
Groupant ses fils épars, d'un geste symbolique,
        Le ciel est radieux !

La Liberté rayonne, dans sa douce lumière,
        Les peuples opprimés,
Affranchis désormais, traînent dans la poussière,
        Leurs tyrans déprimés.

L'Austro-Boche félon, l'impur Magyar,
        S'abîment dans la nuit,
·Le Soleil éclatant détruit le cauchemar,
        Le Droit vainqueur, s'épanouit ! ! !

29-10-18   L.-T. LEFAURD.

TOUJOURS LE MÊME

Non, vous ne me ferez pas croire,
Qu'a changé la mentalité,
Du Boche dans l'humanité,
Relisez donc un peu l'Histoire.

Que disait Tacite le Romain
En dépeignant l'affreux Teuton :
Chacal sous la peau d'un mouton,
Voilà le portrait du Germain.

Maintenant, enfin il se montre,
De sang, il est éclaboussé,
Toujours comme dans le passé,
Non un être pensant, un monstre.

Il veut domestiquer la terre,
S'il est vainqueur, il est absout,
Il étendra sa main partout,
Car son négoce, c'est la guerre.

Mais j'ai dans l'esprit que le crime
Est puni tôt ou tard, un jour,
Et l'agresseur aura son tour,
Quand triomphera sa victime.

DANS LA TOMBE !

Kaiser hideux ! non, non, tu n'échapperas pas,
A la ruine complète,
Et pour le monde entier, le jour de ton trépas,
Sera un jour de fête.

Songe, dans ton cercueil, si tu te réveillais,
Si Dieu, pour te punir, félon,
Te forçais à renaître, oh ! tu te débattrais,
Dans ton éternelle prison.

Tu aurais beau crier, d'une voix lamentable,
Personne ne se soucierait plus
De toi, de ta puissance, qui fut si redoutable,
Des humains tu serais exclus.

Réfléchis ; quelle sera, plus tard, ta renommée,
Devant ceux, pleins de force, et dont tu fis des morts,
A leur malédiction, misérable pygmée,
Enseveli dans l'ombre, quels écrasants remords

S'empareraient bientôt de ton âme salie,
Le sang versé par toi te baignerais,
A tes yeux surgirait ta vie mal remplie,
De honte, de douleur, oui, tu sangloterais.

Avant de commencer enfin ton agonie,
L'ultime, cette fois, tu souhaiterais la mort,
Elle viendrait trancher ta vie d'ignominie,
N'as-tu pas mérité ce sort ?...

PÉTAIN

Quand, dans la terrible fournaise,
Nos libérateurs de demain,
En chantant notre *Marseillaise*,
Marchent la baïonnette en main,

Qui vient là, surgissant soudain,
Compatissant à leur souffrance,
Le général bon et humain,
Le Chef méritant leur confiance !

Qui leur montre dans le lointain,
Le Drapeau tricolore qui vole,
C'est leur père, le bon Pétain,
De la Victoire vivant symbole.

Il nous a dit : On les aura,
Et puisqu'il le dit, c'est certain,
Il est patient, mais il vaincra,
Le Grand Soldat Républicain ! ! !

LES TROIS SUBLIMES

Les peuples seront tous des frères,
Les rois seuls sont nos ennemis,
On ne verra plus de frontières,
Tous les hommes seront unis.

Maxime toujours admirable,
A l'honneur de l'humanité,
Hélas ! pour qu'elle soit durable,
Instaurons la vraie liberté.

Ne voyons plus comme naguère,
Des nations pétries d'orgueil,
Et l'égalité mensongère
Des Justes couchés au cercueil.

La barbarie qui nous menace,
D'abord écrasée sans merci,
Gardons le courage tenace,
Et luttons d'un cœur endurci.

Si vous voulez la Paix si douce,
Il faut battre les trublions,
Et ne pas reculer d'un pouce,
Les derniers combats sont les bons !

Alors, vous verrez à la ronde,
Fleurir Concorde et Beauté,
L'amour embellissant le monde
Où règne la Fraternité ! ! !

PAX ET BELLUM

Hymne.

L'astre du jour dore la plaine
De ses chauds rayons bienfaisants,
Sur les blés hauts et frissonnants,
Courbés sous le vent, ondoyants,
On sent régner la Paix sereine.

La campagne paraît fertile,
Le ruisselet dont l'onde chante,
La Montagne plus imposante,
Le Bois rempli d'ombre calmante,
La Nature enfin plus tranquille.

Les échos se taisent alentour,
Nul bruits de guerres, aucuns chocs d'armes,
Ne viennent propager les alarmes,
Et puis faire couler des larmes,
Tout est au bonheur, à l'amour.

Et cependant on voit sur terre,
Des Empereurs, despotes haineux,
Des Rois, fourbes, ambitieux,
Des Peuples jaloux, envieux,
Qui osent déchaîner la guerre !!!

LES BRANCARDIERS DE CHAMPAGNE

Les pâles rayons de la Lune
Éclairaient la nuit d'infortune,
Où nous marchions à pas lents,
De tous côtés, à tous moments.

Cà et là gisait un cadavre
Des nôtres, c'est ce qui nous navre,
Tombés fiers en soldats du Droit,
Leur regard, sans vie et tout froid,

Les faisait paraître sublimes ;
Ils nous semblaient amis intimes,
Et notre cœur se déchirait
Mais soudain la colère grondait,

On maudissait le Hun immonde,
Qui sera rejeté du monde.
Nos poings se crispaient de fureur,
Quand hélas ! bientôt la douleur,

Fit de nos yeux, couler des larmes.
Nous plaignions l'Univers en armes.
Au moins cette calamité
Laissant vivre la Liberté,

Fasse de l'Europe nouvelle,
Une nation fraternelle
Et un monde vraiment humain.
Faudra-t-il l'espérer demain?

AU SUJET DE LA DÉFAILLANCE RUSSE

AUX PACIFISTES

Eh bien ! diplomate novice,
Gardes-tu encore l'espoir,
Du triomphe de ta justice !
Oui, cherche quel est ton devoir?

Veux-tu toujours, coûte que coûte,
Etre la dupe des Germains,
Qui te mèneront, sans nul doute,
A de bien tristes lendemains ?

Avec le Boche, pas de partage,
Il veut rester maître partout,
Tu n'auras aucun avantage
A laisser croire qu'il est absout !

Tu fus citoyen de la France,
Reste Français, allons, morbleu !
Aujourd'hui que ton espérance
Soit dans le fer et dans le feu !

Quand il faut sauver la Patrie,
Tous se serrent dans le rang,
Pas de discours, donne ta vie,
Pour tuer la Guerre, verse ton sang ! ! !

LE VENDREDI SAINT

Vicaire de Dieu sur terre,
Pape, que vas-tu dire?
Brandissant ton tonnerre,
Vas-tu demain maudire ?

Le monstre, l'assassin,
L'hypocrite sauvage,
Dont la sanglante main
Déchaîne le carnage !

. . . .

C'est le Vendredi Saint,
Fidèles en prière,
Adorent le Dieu craint,
Entouré de Mystère !

Et c'est à ces moments
Qu'un canon homicide
Fauche ces innocents,
C'est ton œuvre, perfide.

Et tu te dis chrétien,
Allons donc, barbare,
Exécrable païen,
De bien triste mémoire !

Mais ce Christ dolent,
Par toi trop insulté,
Te renie maintenant,
C'est pour l'Éternité !!!

LE CANON MONSTRUEUX

Eh là ! mais tu vas bien, ô Science,
En continuant de ce pas,
Avec un peu plus de patience,
Un jour, que ne verrons-nous pas !

Déjà ce gaz délétère,
Ces jets de liquides brûlants,
Inconnus des soldats, naguère,
Immolent plus de combattants !

Le sous-marin, maître de l'onde,
L'avion dominant les cieux,
Tuent sans pitié tout à la ronde,
Quel cauchemar devant nos yeux !

C'est par centaines de kilomètres
Que portent maintenant les canons,
Hélas ! que diraient nos ancêtres,
Comptant les morts par millions !

Pourquoi? Dis-nous pourquoi? Humanité dolente,
     Te déchires-tu de tes mains?
Ta haine marche vite, si ta bonté est lente,
     Tu te ménages de tristes lendemains ! ! !

HYMNE A LA FRANCE

France ! ta grande voix fait tressaillir le monde
Jusqu'au delà des mers, ce qui vit est debout
Tournant ses yeux vers toi, le peuple qui fut tout,
    T'acclamant à la ronde !

France ! trois fois sublime, car tu défends le Droit,
Tes enfants valeureux, tels leurs aïeux naguère,
Versent leur sang vermeil, pour terrasser la guerre,
    Devant Dieu qui les voit !

France ! souvent martyre, ton triomphe prochain,
Rachetant tes souffrances pour une sainte cause,
Nimbera ton génie, de lueurs d'apothéose,
    Fulgurantes soudain !

France ! toi qui vécus toujours immatérielle,
Cherchant ton idéal, dans la Pure Beauté,
Toi, dont le grand passé se nomme Liberté,
Ta gloire est immortelle ! ! !

SERREZ LES RANGS !

Quand, dans l'infernale bataille
Nos petits soldats, tout vibrants
Tombent fauchés par la mitraille,
Ceux qui survivent serrent les rangs !

Un contre dix, terrible tâche,
Pour arrêter les Allemands ,
Ardents, ils luttent sans relâche,
Regardez-les, serrer les rangs !

Leur sang coule par vingt blessures,
Impassibles remparts vivants,
Ils sont purs de flétrissures,
Les fils de France serrent les rangs !

Un sol qui produit de tels braves,
Dignes rejetons des nobles Francs,
Ne supportera pas d'entraves,
Pour vivre libres, serrons les rangs !!!

LA RACE HONNIE !

Se peut-il que sur cette terre,
Vivent de pareils forbans,
On doit souhaiter que le tonnerre,
Anéantisse ces chenapans.

Leurs promesses sont mensongères,
Ils trahissent tous leurs serments,
Achevant blessés, infirmières,
Mutilant les petits enfants !

Race félonne et sacrilège,
Ayant tout souillé, tout détruit,
Derrière toi triste cortège,
La famine blême te suit !

Suspends ta folie homicide,
Aie recours au raisonnement,
Ou bien alors c'est le suicide,
Qui t'attends, ô peuple dément ! ! !

PARIS NE MEURT PAS !

Non Paris ne périra pas,
Il faut qu'il rayonne, qu'il vive,
Et nul ne verra son trépas,
Quoique l'on fasse et qu'il arrive !

Songez à ce qu'il représente,
De la Science c'est le flambeau,
Le Monde gémit dans l'attente,
Puisque Paris est son joyau !

L'Histoire vit, tout entière,
Depuis beaucoup plus de mille ans,
Dans cette ville si prospère
Témoin des luttes de géants !

Tout ce passé c'est l'auréole,
La gloire de cette cité,
Dans son beau ciel se dresse et vole,
Le Génie de la Liberté ! ! !

NOS DRAPEAUX DÉLIVRÉS !

Hymne

Vibrants drapeaux de l'an terrible !
Captifs chez l'orgueilleux germain,
Vos plis ont souffleté soudain,
Votre geôlier irascible !

Nous les voulons nos vieux drapeaux !
Sortis sanglants de la fournaise !
Au son de notre *Marseillaise !*
A nous ces glorieux lambeaux.

Car tout étendard a son âme,
Ame qui ne peut pas mourir,
L'Immortel ne peut périr,
Malgré tous les coups de l'infâme !

Nous les aurons nos vieux drapeaux !
Tout déchirés dans la fournaise !
Au son de notre *Marseillaise !*
Il nous faut ces fameux lambeaux !

Grands emblèmes de notre gloire,
Ensevelis là-bas dans l'ombre,
A Postdam, cette ville sombre,
Entendez nos chants de victoire !

Rendez-nous nos bons vieux drapeaux !
Tachés de sang dans la fournaise !
Que le son de la *Marseillaise !*
Réjouisse ces chers lambeaux !

Vieux drapeaux ! O puissants symboles !
Doux à notre cœur de Français !
Vous ne nous quitterez jamais !
Revenez nimbés d'auréoles !

Ils sont vengés, nos vieux drapeaux !
Qui traversèrent la fournaise !
Vainqueurs ! Clamez la *Marseillaise !*
En les fêtant ! Ils sont si beaux !

L.-P. LEFAURE.

HOMMAGE DE PARIS !

*Envoyé au Président du Conseil municipal,
et remis par lui à S. E. l'Ambassadeur
des États-Unis d'Amérique.*

L'Horizon s'illumine, l'ardent Soleil flamboie,
L'Océan tout entier, semble fait de lumière,
Prodigieux miracle, nous clamons notre joie,
    Enthousiaste, sincère !

Écoutez, écoutez, quel est ce cri lointain,
Cet appel émouvant qui traverse l'espace,
Il monte jusqu'au ciel, et fait trembler soudain,
    Le trône du Rapace !

Paris ! en ce beau jour, acclamant tes enfants,
T'a donné tout son cœur, d'un élan magnifique,
Aimant les peuples libres, qui sont des peuples grands,
    Il aime l'Amérique !

Washington, Franklin, La Fayette, Rochambeau,
En cet instant sublime, tressaillent dans leur tombe,
Fiers de leurs descendants, dont le geste si beau,
    Affranchira le Monde !

Voyez-les enlacées, nos Républiques sœurs,
Le Droit les accompagne dans leur essor grandiose,
Leurs étendards flottants ont les mêmes couleurs,
    Vision d'Apothéose !

LA DEUXIÈME MARNE !

La Marne pour la deuxième fois,
Brise ton espérance,
Et la noble France,
Se rie de tes lois !

La Marne, symbole de victoire,
Brise les Huns !
Nouveaux, anciens,
Veille jalouse sur notre gloire !

La Marne, prends garde, dévorera
Tous les despotes,
Et leurs ilotes,
Ton trône qui chancelle, bientôt s'écroulera !

La Marne châtie rois et ministres,
Tous imposteurs,
Chefs, Empereurs,
Monstres sanglants, tyrans sinistres !

La Marne, c'est le sang de la race,
Ardent, vermeil,
Le non pareil,
Que n'a pas pu tarir ta folie, ton audace !

La Marne ! c'est la revanche grandiose,
De la Patrie,
Souvent meurtrie,
Le retour de nos fils, et leur Apothéose ! ! !

AUX ALLIÉS

Le Clairon de la Victoire

Chassons les Huns hors de France,
Et mettons le pied chez eux,
Alliés, pas de défaillance,
Soyons tous audacieux.

Nous voulons voir cette tourbe,
D'ignobles et lâches agresseurs,
Avec leur Kaiser fourbe.
Pris au piège comme voleurs.

Pour ces mangeurs de choucroute,
Point de pitié, de pardon,
Qu'ils frémissent dans leur déroute,
Au son de notre canon.

Belges, Italiens, Portugais
Qui montrez votre courage,
Américains et Anglais,
Le Pays vous rend hommage.

Marchons la main dans la main,
Sur le chemin de la gloire,
Le boche entendra demain
Le clairon de la Victoire ! ! !

LES FAUX SURHOMMES !

Non, reîtres Allemands, vous n'êtes pas l'élite,
Des humains ici-bas, ô pédants sans grandeur,
Vos crimes monstrueux, nation hypocrite,
Au monde bouleversé, hélas ! font horreur !

Ne vous étonnez pas, qu'une sainte croisade,
Menace vos foyers, repaires d'assassins,
Le résultat certain de votre reculade,
Sera de vous forcer à rendre vos larcins.

Vous qui étiez si fiers, de dominer le Rhin,
Contemplez aujourd'hui, son verdoyant rivage,
Car demain pour jamais, vous le verrez de loin,
Malgré tous vos efforts, qu'anime votre rage.

Vous chantiez, triples sots, bafouant la Justice,
Fraîche et joyeuse, vous nommiez cette guerre,
Votre tour est venu, d'endurer le supplice,
Des orgeuilleux vaincus, méprisés sur la terre !

Non, cuistres arrogants, barbares envieux,
La Force, ne peut pas primer le Droit sublime,
Les Peuples délivrés, d'un geste victorieux,
Vous traînent, pantelants aujourd'hui dans l'abîme ! ! !

LE SAUVEUR INCONNU

Acceptant sans frémir les dangers de la tâche,
Ayant la volonté qui rend les hommes forts !
C'est toi qui sut lutter sans trêve, sans relâche,
    Et qui succomba sans remords !

C'est qu'un vieux sang gaulois circulait dans tes veines,
Cyrano ressuscite en d'autres Bergerac,
Tes yeux ont vu passer dans les forêts, les plaines,
    L'ombre de sainte Jeanne d'Arc !

Magnifique soldat à l'âme de poète !
Combattant anonyme mémorable héros !
Il t'a suffi de voir au-dessus de ta tête,
    Battre les ailes des drapeaux !

Aujourd'hui, l'étendard au reflet tricolore,
Tel un voile fameux décore ton cercueil,
Paris te glorifie et la France t'honore,
    Dans un fervent et pur orgueil !

Bon sang ne peut mentir, dans notre flère race,
Frère qui nous sauvas citoyen au grand cœur,
Tu ne peux disparaître, va tu restes vivace,
    Immortel dans ta splendeur !

L.-P. LEFAURE.

AU MARÉCHAL FOCH

O toi le chef savant et brave,
Mûrissant un noble dessein
Tes yeux pensifs, et ta voix grave,
Ton front, qui toujours est serein ;

Sont notre rayon d'espérance
Nous avons confiance en toi,
Fils ardent de la belle France,
Au cœur tu sais garder la foi !

Car tu défends les justes causes,
Toi champion de Liberté,
Tes conceptions grandioses,
Affranchiront l'Humanité !

Rien ne te paraît redoutable,
Devant toi, le boche est tremblant,
Lui qui se croyait formidable,
N'est plus qu'un tout petit enfant !

Et le monde entier qui t'acclame,
Grand Maréchal victorieux,
En un vibrant épithalame
Fête ton génie radieux !...

LES DEUX DÉESSES : VICTOIRE ET LIBERTÉ !

Elle plane surnaturelle,
La Victoire qui prend l'essor,
Couvrant d'une gloire nouvelle
Nos étendards aux reflets d'or.

Teutons, voyez par monts, par plaines,
Les soldats du Droit triomphant,
Ceux que voulait charger de chaînes,
Votre Kaiser outrecuidant !

Tremblez ! meurtriers de nos femmes,
Sbires félons, larrons d'honneur,
Ramassis de brutes infâmes,
A l'humain visage, mais sans cœur !

Si la punition fut lente,
Qu'importe maintenant ou demain,
Car la Justice patiente,
Bientôt vous frappera soudain !

Adieu, rêves d'hégémonie,
Adieu, Kaiser et hobereaux,
Tout sombre dans l'ignominie,
Qui déshonore vos drapeaux !

Voyez se lever à la ronde,
Dans l'azur brillant de clarté,
La pure déesse du Monde.
L'Éblouissante Liberté ! ! !

LA PLUS GRANDE FRANCE !

*Envoyé au Président de la République
et au Conseil des Ministres.*

Au son de notre *Marseillaise,*
Devant nos étendards flottants,
Nos bons soldats dans la fournaise,
Avancent à pas de géants.

Sambre et Meuse d'hier l'aurore,
Aujourd'hui, c'est Moselle et Rhin,
Nos clairons par leur voix sonore,
Épouvantent l'affreux Germain.

Lambeaux arrachés à la France,
Oui, vous redeviendrez français,
Ainsi que Strasbourg, Mayence,
Cologne sont nôtres désormais.

Ce sol où prospéraient à l'aise,
Les vieux Francs, et qu'un jour Marceau,
Nous rendit en quatre-vingt-treize,
Doit florir sous notre drapeau.

Voyant croître la République,
Pour qui coula leur sang vermeil,
Nos morts, à l'âme magnifique,
Sourient contents de notre éveil !

Pour nos enfants, pour nos héros,
Ceux dont la chair fut meurtrie,
Quelle récompense plus à propos,
Que la Grandeur de la Patrie ! ! !

NA ZDAR! *(Hymne)*

A la Légion des Volontaires tchèques.

Dans ma Praha, combien jolie,
J'ai retrouvé ma douce mie,
Et terminé mon cauchemar,
        Na Zdar !

A Prikopy, quand j'ai chanté,
Au Deutches Haüs, le Hej Slované,
Dam, cela fit bien du pétard,
        Na Zdar !

Sur la Vltava, rivière sombre,
Nos gondolent filaient dans l'ombre,
Couvertes du vieil étendard,
      Na Zdar !

Nos Sokols formaient des haies,
Filles étaient fraîches et gaies,
En l'honneur du héros grognard,
      Na Zdar !

Quand notre drapeau rouge et blanc,
Écartelé du Lion d'argent,
Passe, il éblouit le regard,
      Na Zdar !

Depuis trois siècles, il était mort,
On pleurait sur son trsite sort,
Il devait renaître plus tard,
      Na Zdar !

Il était sur le front de France,
Il a grandi dans la souffrance,
Jamais il ne fut en retard,
      Na Zdar !

Il rayonne d'une pure gloire,
Un trait de feu dans notre histoire,
Tel l'Éclair jaillit du brouillard,
      Na Zdar !

Vive la Bohême chérie,
C'est notre bien-aimée Patrie,
Elle a terrassé le César,
      Na Zdar ! ! !

SOUVENIR

Au Président R. Poincaré.

Intègre président que la flagornerie
Ne pourra détourner d'un travail surhumain
Car tout n'est pas fini pour sauver la patrie
Que chérit votre cœur de Français, de Lorrain.

Autrefois, dans vos yeux, se lisait la tristesse,
Quand les ans s'écoulaient assombris de douleur,
Maintenant vous avez surmonté leur détresse,
Puisque votre pays fut un beau jour vainqueur.

Vous vous souvenez bien de ces temps d'avant-guerre,
On niait les tueries, les combats désormais,
Le sang versé longtemps a trop rougi la terre,
On se disait les peuples s'uniront à jamais.

Cependant, très souvent, tout au fond de nous-même,
L'Alsace et la Lorraine, lancinant souvenir,
S'imposaient à l'esprit et le doute suprême,
Grandissait chez nous tous, on craignait l'avenir.

Les temps sont révolus ! L'Immanente Justice !
Le Droit, la Vérité, terrassent le félon !
La Force enfin n'a plus d'auréole factice,
Et l'Esprit tout-puissant est maître du canon.

Adieu, Monsieur, pensez quelquefois au poète,
Qui vous offrit son livre fort imparfait pourtant,
S'il fut de la victoire bien obscur prophète,
Il croit en l'avenir d'un peuple libre et grand !

L.-P. LEFAURE.

LE QUATORZE JUILLET DE LA VICTOIRE !

Paris ! la ville des merveilles,
Voit en ce beau jour nos soldats,
Sortis vainqueurs de cent combats,
Paris la Ville des merveilles !

Flot bleu qui sillonne la foule,
Nos poilus partout acclamés,
Recueillent en chemin des baisers,
Flot bleu qui sillonne la foule !

Vous qui revenez de là-bas,
De l'épouvantable fournaise,
Pour vous l'on joue la *Marseillaise*,
Vous qui revenez de là-bas.

6

Entendez ces vivats, ces cris,
On vous étreint, on vous emporte,
Glorieux blessés, infirmes, qu'importe,
Entendez ces vivats, ces cris !

La France est fière de ses enfants,
Qui pour elle, versèrent leur sang,
Sans broncher d'un pas dans le rang,
La France est fière de ses enfants !

Dans un décor d'apothéose,
La Patrie, pleure ces géants,
Morts, qui furent sublimes et grands,
Dans un décor d'apothéose ! ! !

AUX JALOUX

Protestation contre la paix anglo-saxonne.

Pourquoi avoir laissé la Prusse criminelle
    Sans aucunes punitions,
Elle avait mérité en se montrant cruelle,
    Les plus lourdes des sanctions !

Pour ses forfaits hideux, ses attentats énormes,
    Contre la pauvre humanité,
Et ses inventions monstrueuses, difformes,
    Effrayante calamité !

Est-ce par jalousie, monument d'inconscience,
        L'Histoire le dira bien un jour,
En tous cas vous laissez mutilée notre France,
        Qui est peu payée de retour !

De quel droit l'empêcher de porter sa frontière,
        Plus au Nord, jusqu'au Rhin gaulois,
Elle vous fait donc peur, peur comme naguère,
        Où ce pays suivait ses lois !

Si vous voulez convaincre l'Allemagne trompeuse,
        De sa responsabilité,
Il faut que la Patrie qui fut victorieuse,
        Annexe enfin le Rhin dompté ! ! !

SUR MA LYRE

Non, tu ne pouvais pas périr,
Tu vivras autant que la Terre,
Toi qui gagnas l'ultime guerre,
Splendide est ton avenir.

Ta force stupéfia le Monde,
Les exploits de tes nobles preux,
Dignes fils de leurs grands aïeux,
Sont cités partout à la ronde.

Sous ton ciel pur, sublime voûte,
Éclôt la Fleur et la Beauté,
La radieuse Liberté,
Éclaire, souriante, ta route.

Tu souffris, ô douce martyre,
Pour rendre meilleur l'Univers,
C'est ton succès sur le pervers,
Que je magnifie sur ma lyre ! ! !

AUX ÉTEIGNEURS D'ÉTOILES !

Non, Messieurs, n'essayez pas d'éteindre l'étoile
Qui scintille le soir véritable clou d'or,
Quand vous fixez les astres, votre regard se voile,
Vous ne pouvez briser leur merveilleux essor.

Allez vous agiter dans l'humaine cohue,
Piétinez sans remords, nos idéaux précieux,
Essayez, s'il vous plait, d'escalader la nue,
Mais vous retomberez pantelants et piteux.

Vous dont la vie est courte, la grandeur éphémère,
Respectez chez autrui tous les élans du cœur,
Laissez donc le rêveur poursuivre sa chimère,
Et n'allez pas troubler du croyant le bonheur.

Sachez qu'aucun pouvoir ne peut, en ce bas monde,
Imposer ses doctrines à l'Esprit immortel,
Tous vous disparaîtrez dans une nuit profonde,
Vous n'êtes que poussière, vous osez nier le ciel ! ! !

SOUVENIRS DU PASSÉ

Lorsque j'étais un petit être,
Que maman berçait sur ses bras
Dans notre demeure champêtre,
Où s'esquissèrent mes premiers pas.

Je me rappelle les trois marches,
Toutes moussues, un peu branlantes,
Les voûtes aux vénérables arches,
Les vieux murs, aux pierres croulantes.

Le seuil enguirlandé de lierre,
Le jardinet, paradis des oiseaux,
La jeune vigne qui sortait de la terre,
Le pommier noueux, les deux ormeaux.

Je me souviens, quand mon grand-père,
Un beau vieillard aux blancs cheveux,
Me racontait d'une voix fière,
Les prouesses de nos aïeux.

Je vois ma sœur, charmant lutin,
Courir jusqu'à perdre l'haleine,
Notre père, son sourire fin,
Reflet de son âme sereine.

Quand au bon Max qui nous servait,
Il me semblait grand comme un chêne,
Les jours où il nous promenait,
Sur ses épaules, dans la plaine.

O joies pures de mon enfance,
Parents aimés, j'ai trop vécu,
Je pleure sur vous en silence,
Car la sombre mort a vaincu !...

LA NOBLE MISSIONNAIRE !

Enfin redevenue l'idéale figure,
    Embellissant le continent,
O toi, qui répondis noblement à l'injure,
    A l'attentat de l'Allemand !

Et puisque ton destin sera de rester grande,
    Comme dans le temps des aïeux,
Tu mèneras encor la même propagande,
    But de tes efforts généreux !

Combien de nations furent par toi sauvées,
    Et ta civilisation,
Affranchissant pays et races condamnées,
    Sublime révolution !

France, reste pour tous, l'ultime bienfaitrice,
Lumière de l'Humanité,
Répands toujours à flots ta force créatrice.
Qui fait naître la Liberté ! ! !

PASTORALE !

Aimez-vous la campagne, lorsque par un beau soir,
On entend sous les frais ombrages,
Le murmure du vent, les divers ramages,
Du ruisselet bruyant coulant vers l'abreuvoir.

Et les grands peupliers, courbés et frémissants,
Qui se mirent dans l'onde verte,
Le Merle sautillant alerte,
Les bruits toujours nouveaux, des insectes mouvants !

Les blés hauts et serrés, ondoyants sous la brise,
Avec leurs épis jaune d'or,
On aime les revoir encor,
Respirer doucement leur sain parfum qui grise !

Et puis le laboureur qui revient lentement,
La herse et la faux sur l'épaule,
En s'arrêtant sous le grand saule,
Pour éponger son front tout ruisselant !

Et ces arbres noueux, présents de la nature,
Offrant à nos regards charmés,
Des branches alourdies, de fruits tout parfumés,
Tableau riche et vivant, aimons l'agriculture ! ! !

A LOUIS MARIN ET ANDRÉ LEFEVRE

C'est à eux que va mon estime,
A ces deux cœurs vraiment français,
Qui nous découvrirent l'abîme,
Qu'on ne peut nier désormais.

Le prestige de l'éloquence,
Sert leurs généreux sentiments,
Ils ont gardé la souvenance,
De nos malheurs, de nos tourments.

Ils ont dit : C'est la sauvegarde,
Du Pays, s'il ne veut périr,
Au Rhin, il faut monter la garde,
Sinon quel sera l'avenir.

Ils revendiquent la frontière,
Celle de nos aïeux gaulois,
Ce sont des fils aimant leur mère,
Des patriotes d'autrefois ! ! !

15-8-21

1° HYMNE AU PAYSAN

Ta gloire, frère Paysan,
C'est ta blonde moisson mûrie,
O toi le meilleur artisan,
De la grandeur de la Patrie !

Le Printemps a verdi la plaine,
Jaunissante pendant l'été,
L'épi, dans sa beauté sereine,
Annonce la fécondité !

Il est si bon de vivre libre,
Au grand air, sous le gai Soleil,
Sentir la nature qui vibre,
Plaisir qui n'a pas son pareil !

Pourquoi s'enfermer dans les villes?
Malsaines, aux taudis puants,
Où sont tant d'oisifs, où des filles,
Offrent leurs charmes aux passants,

Alors que la terre demande,
Des bras et des cœurs valeureux,
Guider les chevaux dans la lande,
Fait de vous des gars vigoureux!

2° HYMNE AU PAYSAN

Certes, tout travail est utile,
Mais le commerçant, l'ouvrier,
Le savant, l'artiste habile,
Ne sont rien, sans le nourricier !

Vous mercantis de la vie chère,
Grévistes de métier, hâbleurs,
Rêveurs chevauchant la chimère,
Imitez nos cultivateurs !

C'est dans la Loi, par la Justice,
Que s'accomplit notre souhait,
Car le Progrès serait factice,
Si la violence triomphait !

Unissons nos forces, nos âmes,
Ne formons qu'un puissant faisceau,
France d'abord, hommes et femmes,
Debout, sous les plis du drapeau !

Honneur à toi ! bon Paysan,
Travaille la terre meurtrie,
Pour que l'abondance d'antan,
Réconforte notre Patrie ! ! !

REMENBER DAY !

Washington, mort sublime, va frémir d'allégresse,
    Pendant que la brise caresse
    Ses étendards victorieux !

    Il voit sur la terre de France,
    Toujours vivace la souvenance,
    Des exploits des Sammies fameux !

Des croix de bois, éparses sur les collines,
Monte tout doucement enivrante, divine,
    L'hymne du rêve harmonieux !

Nous n'oublierons jamais l'immense sacrifice,
De nos amis présents, dans le moment propice,
Leur élan si fougueux !

Deux peuples sont unis par la reconnaissance,
On ne peut séparer Amérique de France,
Leurs guerriers valeureux !

Pour vous, nations sœurs, le destin grandiose,
Illumine soudain de lueurs d'apothéose,
Vos morts immortels glorieux !

L'Univers vous regarde, le Monde vous envie,
O vous les Républiques florissantes de vie,
L'Avenir est radieux !!!

L'AME DE LA POLOGNE !

Ton âme généreuse planant impérissable,
        Dans l'azur des cieux,
Va ranimer ton corps tout à coup formidable,
        Peuple martyr si radieux.

L'aube filtre, d'abord timide est son aurore,
        Bientôt reflet éblouissant,
La grand'voix de tes fils éclatera sonore,
        Devant ton drapeau triomphant !

La Paix vient, pas à pas, c'est la réparatrice,
        Le Français est ton compagnon,
C'est pour toi douce sœur la force rédemptrice,
        Le Droit domine le canon !

Soulève tel Lazare, la dalle mortuaire,
Apparaît en pleine beauté,
Fais fuir les tyrans, la liberté t'éclaire,
Sois grande pour l'éternité ! ! !

15-11-18   L.-P. LEFAURE.

SAGESSE

Si les humains savaient,
Comprendre la nature,
Tous heureux ils vivraient,
Bercés par le murmure,

Du ruisselet lointain,
Caché sous les ombrages,
Du vent qui vient soudain,
Secouer les bocages !

Du chant des oiselets,
De l'écho des grands bois,
Des flots sur les galets,
Des orages parfois !

Savoir vivre sans bruit,
Loin du plaisir vain,
C'est récolter le fruit,
Le meilleur, le plus sain.

Et toi, foule bruyante,
Sache donc un instant,
Que ce qui brille et tente,
N'est que songe et que vent !!!

RÊVE PHILOSOPHIQUE

Ainsi va le monde,
Ah ! mes bons amis,
Voyez à la ronde,
C'est de mal en pis !

Le Progrès, la Science,
Sont peu réjouissants,
Seule l'inconscience,
Mène les puissants !

L'or, plus que naguère,
Est le dieu tabou,
Devant sa poussière,
Le plus sage est fou !

Pour lui, que de crimes,
Et de déraisons,
Lâchetés intimes,
Viles trahisons !

L'homme, grand coupable,
Piteux comédien,
Meurt lamentable,
Ignorant le Bien !

Jour et nuit, sans trêve,
Faut-il donc gémir,
Bah ! ce n'est qu'un rêve,
Foin de l'Avenir ! ! !

PURE JOIE

Croyez-moi, rien ne vaut,
Le plaisir magnifique
Qu'on a de voir là-haut,
Le grand Soleil magique !

Disque rutilant d'or,
Vivifiant les mondes,
D'où prennent leur essor
Les effluves profondes.

Et puis, aussi le soir,
Sur l'immense ciel sombre,
La merveille est de voir,
Étinceler dans l'ombre

La Lune, lueur d'argent,
Sphère phosphorescente,
Étoiles de diamant,
Cette vue nous enchante !
L'Infini !...
L'Infini habite l'espace,
Hélas, nous ne pouvons savoir ?
Que sommes-nous ? L'atome qui s'efface,
Où allons-nous ? Nul n'a pu le prévoir ! ! !

LAISSEZ DORMIR LES MORTS

A l'auteur du « Seul Ennemi ».

Horreur ! vous osez dire que le plus grand des maux,
    La guerre, les faits vous l'ont prouvé,
Se déchaîna pour rien, simplement pour des mots,
C'est ce blasphème hideux que vous avez trouvé.

Auriez-vous mieux aimé voir la Patrie vaincue,
Le Boche maître chez nous, et le Kaiser dément,
Assouvir sa fureur, sa troupe corrompue,
Se ruer à la curée, dans Paris tout sanglant !

Pourquoi de parti pris essayer de confondre,
La victime dolente et le vil agresseur,
Nous seuls voulions la paix, laissez-moi vous répondre,
Que tous ceux qui le nient, ont vraiment peu de cœur !

Et puis, ô croyez-moi, laissez dans le silence,
Reposer nos grands morts, pour toujours endormis,
Vous les méprisez tous, en insultant la France,
Allez vivre là-bas, avec nos ennemis ! ! !

APPEL AUX GÉANTS !

Ou êtes-vous? Géants,
Sauveurs de la Patrie,
Accourez tous vibrants,
Que la France meurtrie,

Se rappelle vos cœurs,
Que votre grand exemple,
Ranime nos ardeurs,
Et que l'ennemi, tremble.

O Danton, Robespierre,
Kléber, Desaix, Marceau,
Surgissez de la terre,
Brandissant le drapeau !

Carnot, calme et austère,
Dubois-Crancé fougueux,
Héros à mine fière,
Paraissez à nos yeux !

Vous Hoche l'intrépide,
Qui nous rendit le Rhin,
Saint-Just l'impavide,
Au visage romain !

Venez tous, chers vainqueurs,
Guérir notre souffrance,
Que vos accents vengeurs,
Clament la délivrance,

Voyez vos descendants,
Illustrant leur histoire,
Écrasez les tyrans,
Du poids de votre gloire ! ! !

10-1-18   L. P. LEPAURE.

PROGRÈS

Sur la disparition des fortifications
de Paris.

Vous que le temps fait disparaître,
Dans les brouillards gris du passé,
A votre place, que va-t-il naître?
Où s'entrouvrait votre fossé?

Adieu, la muraille de pierres,
Fini, ce talus verdoyant,
Image des anciennes guerres,
Évanouies dans le néant !

Plus de forteresse sinistre,
Assez d'inutiles remparts,
Et que l'avenir enregistre,
L'ère des sciences, des arts !

Le Travail sauvera le monde
Sous l'auspice de la Bonté,
Gardez au cœur la foi profonde,
En la douce Fraternité !

. . . .

Est-ce là rêve de poète,
Et l'illusion d'un cerveau,
Tristement secouant la tête,
Faut-il nier le Pur, le Beau !

Non ! dans l'Humanité dolente,
Le Progrès reprend son essor,
C'est l'universelle détente,
Doux présage de l'âge d'or !

PARIS, CAPITALE DU MONDE

Je t'admire toujours, mon Paris, aucun doute
N'a troublé mon espoir, fait chanceler ma foi
Lorsque, petit enfant, mes yeux tournés vers toi,
Contemplaient ton beau ciel changeant, sublime voûte !

Ton charme, doux poème que mon cœur seul écoute,
Laissant *son rythme pur* s'épanouir en moi,
Combien je suis heureux de vivre sous ta loi,
O Cité merveilleuse qui sait se donner toute !

Ton passé rayonnant se dresse millénaire,
Attirant l'étranger venant fouler ton sol
Où le génie latin un jour a pris son vol,
Sauvant l'humanité du Teuton sanguinaire.

D'un peuple libre entends la voix calme et profonde
Acclamer à la fois ta gloire et ta beauté,
Symbole pour les hommes de la Fraternité,
Honneur à toi, Paris, Capitale du monde ! ! !

CREDO

Je crois en l'avenir de notre belle France,
Je crois en son bonheur, en sa prospérité,
Je crois qu'elle mérite par sa noble souffrance,
Le respect et l'amour de toute humanité !

Je crois en ses Espoirs, je crois en sa Justice,
Je crois à son grand peuple, je crois en ses héros,
Qui ont fait sans frémir le dernier sacrifice,
Je vénère la terre, gardienne de leurs os !

Je crois aux doux baisers, aux larmes, aux prières,
Des vieux parents chenus et des bébés si beaux,
Je crois à la bonté des femmes et des mères,
Oui, je crois à la Vie ! car je crois aux tombeaux !

Je crois au Souvenir qui jamais ne s'efface,
Je crois au Dévouement et je crois à l'Honneur,
Je crois au Bien, enfin ! je crois que notre race,
Reste jeune, comme son grand cœur ! ! !

PAYSAGE MORAVE

La plaine s'offre toute entière,
Au grand Soleil éblouissant,
Et les épis dans la lumière
Apparaissent d'or flamboyant.

Au fond du vallon roule et gronde,
Le torrent coulant impétueux,
Sorti de la forêt profonde,
Il suit son chemin sinueux.

Et puis la montagne se dresse
Là-bas, vers l'horizon lointain,
La brise se lève et caresse,
Les roseaux se courbant soudain.

La poésie de la nature,
Paraît à nos regards songeurs,
Dévoilant sa beauté si pure,
Charme des yeux et joie des cœurs ! ! !

SONNET AU LECTEUR

Je t'offre, cher Lecteur, à la dernière page,
Mes souhaits les meilleurs et mes remerciements
Tu vois que ce bouquin est l'œuvre d'un sauvage
Qui fuit ce triste monde et ses déréglements.

J'ai voulu protester en écrivant ce livre
Contre l'oubli malsain, l'aveuglement odieux,
Je plains ceux qui n'ont plus cet espoir qui fait vivre
La Terre leur déplaît, qu'ils regardent les cieux.

J'eusse voulu, hélas ! voir notre France heureuse,
Son peuple tout entier uni dans le bonheur,
Repoussant loin de lui, la chimère trompeuse
Rempli du souvenir de l'ancienne douleur.

Je le redis encor, la haine est là qui guette,
Restons forts avant tout, c'est notre seul salut,
Méprisons les grands mots des rhéteurs en goguette
Nous avons trop souffert pour leur payer tribut,

Faut-il désespérer du siècle qui commence?
Nos maux furent affreux, quand doivent-ils finir?
Le bon sens pourra-t-il terrasser la démence?
C'est le secret de l'avenir !

L.-P. LEFAURE.

FIN

TABLE DES MATIÈRES

Société Française d'Imprimerie d'Angers

—: 4. Rue Garnier, Angers :—

9 782329 044750